栗原心平の ごちそうキャンプ

Mess tin / Skillet / Dutch oven
Shimpei Kurihara's
GOCHISŌ CAMP COOK BOOK

メスティン・スキレット・
ダッチオーブンでつくる
極旨レシピ

小学館

はじめに

ここ数年、子どもと一緒に、パパ友と連れ立って、とキャンプに出かける機会が増えました。日常のキッチンであれ、野外であれ、僕の役割は、やっぱり「おいしい料理をつくること」。こればかりは変わりません（笑）。

ということで、お酒のおとも、ごはんの相棒、お手軽ランチ……を野外でおなじみの調理道具、〈スキレット〉〈メスティン〉〈ダッチオーブン〉を駆使してつくっていきましょう！

Dutch oven

LODGE（ロッジ）
キャンプオーヴン
10インチディープ

Mess tin

TRANGIA（トランギア）
メスティン

Skillet

LODGE（ロッジ）
スキレット8インチ

contents

本書の決まり

- ・小さじ1＝5㎖、大さじ1＝15㎖、ひとつまみ＝約1gです。
- ・醤油は濃口醤油、オリーブ油はエクストラバージンオリーブオイルを使用しています。
- ・塩は粒子が大きめの天然塩を使用しています。精製塩でつくる場合は、塩の分量を少なめにしてください。
- ・ニンニクのすりおろしは、チューブを使用する場合は2/3量にしてください。
- ・野菜のこと―――とくに表記のない場合は、洗う、皮をむくなどの下処理をしてからの手順を示しています。
- ・塩、胡椒などの調味料、油脂類やハーブは「適量」と表記している場合があります。つくる量やお好みによって調整してください。
- ・材料の分量や加熱時間などは目安です。様子を見ながら加減してください。
- ・各レシピの「完成までの時間」は目安です。また肉など常温に戻しておく時間は含んでいません。
- ・ツーバーナー、シングルバーナー、炭火、薪火と火力は一定でありません。火加減を随時確認しながら調理しましょう。

さっ、キャンプに行くよ。

～前の晩に"仕込む"のが心平流～

〈ごちそうキャンプ〉への第一歩はなんといっても"事前の準備"にあり。というと、「えーっ、面倒だなぁ」の声が聞こえてきそうですが、いえいえ、ちょっとの手間で、スペシャルなごちそうを堪能できるのですから！手間といっても"食材を漬け込む"だけ。そう、マリネの要領ですね。ベースとなる漬けダレ（液体以外も含みますが）は「ニンニク醤油」「バジルオイル」「塩」「味噌」「ハーブ」の5種。食材は、豚、鶏、アジ＆イカを。密閉袋で漬け込み、キャンプ場へ。旨みをたっぷり染み込ませた、それらを炭火で焼く。ただそれだけなのに、おいしさ爆発。アレンジも楽しめますよ。

1 前日に……漬け込んでおけば、現地で慌てる必要なし。

2 しっかりと味が入っているので、現地で調味の必要なし。

3 炭火や薪火で焼くだけで、ほら、すぐにごちそうだ！

"焼く"だけでごちそうだもんね！

前日仕込みレシピ ❶

豚 ✕ ニンニク醤油

豚のニンニク醤油漬け

ニンニクの香りを
まとった塊肉を、
豪快に焼く！

◎材料（2人分）

豚肩ロース肉（とんかつ用）
 …… 2枚（300g）

A ┃ 醤油 …… 大さじ2
 ┃ みりん …… 大さじ1
 ┃ 酒 …… 大さじ1/2
 ┃ 砂糖 …… 小さじ2
 ┃ ごま油 …… 小さじ1
 ┃ ニンニク（薄切り）…… 3枚
 ┃ ショウガ（薄切り）…… 3枚

仕込み

1 豚肉は筋切りをし、密閉袋に入れる。

2 1に **A** をすべて加え、もみ込んで混ぜ合わせる。冷蔵庫でひと晩漬ける。

3 炭火で熱した網で両面を焼く。火が通ったら、食べやすい大きさに切る。

鶏 ╳ バジル

バジルチキン

フレッシュな
バジルが漂う
ジューシーチキン。

◎材料（2人分）

鶏もも肉 …… 1枚（300g）

塩 …… 小さじ 1/3
黒胡椒 …… 適量
ニンニク（すりおろし）
　…… 1/2 片分
バジル …… 1/2 パック（8g）
オリーブ油 …… 大さじ 1

仕込み

1 鶏肉は筋を切り、塩、黒胡椒を振り、ニンニクをすり込む。

2 バジルは茎ごとみじん切りにする。

3 1、2、オリーブ油を密閉袋に入れてもみ込む。冷蔵庫でひと晩漬ける。

4 炭火で熱した網で全体をしっかり焼く。火が通ったら食べやすい大きさに切る。

豚 ╳ 塩

塩豚

時間の経過とともに
熟成されて、ぐんと
おいしさが増す。

材料（つくりやすい分量）

豚肩ロース肉（かたまり）
…… 400g

塩 …… 小さじ2
黒胡椒 …… 適量
ニンニク（薄切り）…… 1片分
タイム …… 5〜6枝

仕込み

1 豚肉に塩をまぶし、黒胡椒をまんべんなく振る。ニンニク、タイムを豚肉に貼り付け、密閉袋に入れる。

2 空気を抜いて袋の口を閉じ、冷蔵庫で3日以上寝かせる。

3 ニンニク、タイムを取り除いた塩豚を1cm厚さに切り、炭火で熱した網でこんがりと焼く。

サンドイッチにしてもいいね。

前日仕込みレシピ ❸

豚の味噌漬け

味噌のチカラで、
肉質をやわらかく。
ちょいピリ辛の大人味。

◎材料（2人分）

豚肩ロース肉（とんかつ用）
…… 2枚（300g）

A 味噌 …… 大さじ2
酒 …… 大さじ1
みりん …… 大さじ1
砂糖 …… 大さじ1
醤油 …… 小さじ2
豆板醤 …… 小さじ1/2

仕込み

1 豚肉は筋切りをし、密閉袋に入れる。

2 1に **A** をすべて加え、もみ込んで混ぜ合わせる。冷蔵庫でひと晩漬ける。

3 キッチンペーパーで調味液を軽く拭き取り、炭火で熱した網で両面をこんがりと焼く。肉に火が通ったら、食べやすい大きさに切る。

(豚 ✕ ハーブ)

ビッグハーブ
ソーセージ

いただき方

袋から取り出しスキレットに敷き詰める。中火にかけ、ジュージューと音がしてきたら蓋をする。スキレットのすき間から蒸気が出てきたら中弱火に。

材料（8インチのLODGEスキレット1枚分）

豚ひき肉 …… 500g
バジル …… 1パック（15g）
セージ …… 3〜4枝（10g）

A タマネギ（みじん切り）
　　 …… 大1/4個（70g）分
　　 ニンニク（みじん切り）…… 1片分
　　 塩 …… 小さじ1
　　 黒胡椒 …… 適量

仕込み

1 バジル、セージは合わせて茎ごとみじん切りにする。

2 ボウルに豚肉、**1**、**A**を入れ、粘りが出るまでよく混ぜる。密閉袋に入れる（ひと晩置いてもよいが、置かずに当日調理してもよい）。

スキレットに残った肉汁と肉の脂をパンにつけると旨い。

（魚介類 ✕ 塩）

アジとイカの一夜干し

材料（2人分）

アジ …… 2尾
イカ …… 1杯
水 …… 1000㎖
塩 …… 40g

仕込み

1 アジはエラと内臓を取り除き、中骨に沿って腹から尾まで包丁を入れて開く。腹から頭の下まで包丁を入れ、腹開きにする。

2 イカはワタ、足を取り除いて皮をむく。

3 大きめのバットに水、塩を入れて混ぜ合わせる。塩が溶けたら、**1**、**2**を浸して40分ほど置く。

4 水気を拭き取り、バットに網をのせてアジ、イカを並べる。ラップはせずに、そのまま冷蔵庫内でひと晩置いて干す。

いただき方

炭火で熱した網で焼く。アジはそのまま、イカは食べやすい大きさに切り、七味唐辛子を振ったマヨネーズで。

スキレット解体新書

重さ
1.49 kg

深さ
4.3 cm

内径 **20.2 cm**

ハンドル

厚さ
3 mm

全長
32.5 cm

ロッジ

| **LODGE** |

1896年、アメリカで誕生したキャストアイアン調理道具メーカー。

スキレットとは?

いっぱんに"鉄"でできたフライパンのこと。鉄製には「鋼板（steel）」と「鋳鉄（cast iron）」があるが、今回使用するLODGE（ロッジ）のスキレットは鋳鉄製。鋳鉄とは、鉄の原料となる鉄鉱石を溶鉱炉で還元した銑鉄（せんてつ）をいったん溶かして、型に流し込んでつくったものを指す。鋼板と比較すると炭素量が多く、炭素の粒に水分や油分を浸透させるので油なじみがいいのが特徴だ。サイズはいろいろあるが、本書では取り回しやすく、使い勝手のいい〈8インチ〉を使用している。

メリット！

（ 蓄熱性が高く、食材を入れても温度が下がりにくいため、ムラなく調理ができる。 ）

（ カリッと焼くだけ、じっくり煮るだけなどシンプルな料理にこそ、威力を発揮。 ）

（ そのままサーブしてもカッコがいい！ ）

使い方のコツ

1 まずは、ほどよく熱してから油やバターを入れるべし。

2 中火〜弱火が基本。

3 使用後はよく冷ましたのち、タワシなどを使いぬるま湯で洗うこと。洗剤は、せっかくなじんだ油分が落ちてしまうのでNGです。

4 洗ったあとは、火にかけて水分を飛ばすべし。しっかり乾燥させることでサビを防ぐ。

5 ペーパータオルなどに油を含ませ、スキレット全体に油をなじませる。洗顔後の化粧水、乳液のようなお手入れと同じです。肌（鉄肌）をいたわろう。

6 スキレットは、家庭のキッチンでも扱いやすいので、キャンプから帰ってきて"しまう"のではなく、日常的に使用すれば、**5**のお手入れをせずとも大丈夫。

7 焦げ付いてしまったときは———木ベラなどで"焦げ"部分をこそぎ取る。それでも取れない場合は、水と重曹を入れ火にかけ、焦げや汚れが浮いてくるまで煮沸して。

スキレット専用の「蓋」も用意しよう

同じく鋳鉄製のため重たく、その分、圧力がかかり、素材をふっくらと仕上げることができる。

＊蓋ではなく、同サイズのスキレットをかぶせても同様の効果はあり。

専用蓋（スキレットカバー）には"突起"があり、蒸発した水分が料理に滴り落ちて旨みを逃さないのだ。

スキレットの真骨頂は「肉を焼く」ことといっても過言ではありません。その理由は鉄ならではの、蓄熱性の高さにあり。すなわち、食材を入れてもスキレット内が冷めにくく、一定の温度をキープ。調理にはこのキープ力が大切で、食材にゆっくりと熱が伝わり、ムラなく火を通すことができるのです。その機能性を引き出すためにも、肉は、焼く20〜30分前にクーラーボックスから出すこと。冷たいままスキレットにのせると、中に火が通るまで時間がかかり、表面ばかりが焦げて硬くなりがちに。また、同素材の蓋も用意しておくと、料理のバリエーションも増えますよ。

スキレットでお肉

Grill with Skillet

熱々を急げ！

 **Skillet** （完成まで **20**分）

簡単ローストビーフ ケチャップしょうがソース

材料（3〜4人分）

牛もも肉 …… 500g
塩 …… 小さじ 1/2
黒胡椒 …… 適量
長ネギ（青い部分のみ）…… 1本分
オリーブ油 …… 大さじ 1

A ケチャップ …… 大さじ 4
醤油 …… 大さじ 1
みりん …… 大さじ 1
砂糖 …… 大さじ 1
酒 …… 大さじ 1/2
ニンニク（すりおろし）…… 1片分
ショウガ（すりおろし）…… 1片分

つくり方

1 牛肉は塩、黒胡椒で下味を付ける。

2 スキレットにオリーブ油を熱し、**1**、ネギを並べ入れて強火で焼き付ける。

3 牛肉、ネギをそれぞれ返しながら、全面に焼き色を付ける。

4 牛肉に焼き色が付いたら、ネギを牛肉の上にのせて蓋をする。火を止めてそのまま 10 分ほど置く。

5 小鍋に **A** を入れ、中火にかける。混ぜながら 1 分ほど煮詰め、とろりとしたら火を止める。

6 **4** を食べやすい厚さに切り、**5** をかけていただく。

ほら！
こんなに
しっとり、ジューシー。
おいしそうな
ローストビーフも
お手のモノ！

蒸し焼きで封じ込められた
脂もごちそう、
焦げ目もごちそう！

 **Skillet**

レモンバターチキンソテー

材料（2人分）

鶏もも肉 …… 1枚（300g）
塩 …… 小さじ 1/2
黒胡椒 …… 適量
片栗粉 …… 適量

オリーブ油 …… 大さじ 1
ニンニク（薄切り）…… 1片分
バター …… 10g
レモン果汁 …… 1/4個分

つくり方

1 鶏肉は塩、黒胡椒で下味を付け、片栗粉をまぶす。

2 スキレットにオリーブ油を熱し、**1**を皮目を下にして入れる。中弱火でよい焼き色が付くまで蓋をして3分ほど焼き、返してさらに焼く。

3 肉に火が通ったら、キッチンペーパーで余分な油を拭き取る。バター、ニンニクを加えて中火にかける。

4 バターが溶けてニンニクの香りが出てきたら、レモン果汁を加えて肉にからめる。食べやすい大きさに切っていただく。

鶏にニンニクの脂をからませて。

 **Skillet** （完成まで **10** 分）

ガーリックバター ステーキ

材料（1〜2人分）

牛ステーキ肉 …… 1枚（300g）
塩 …… 小さじ1/2
黒胡椒 …… 適量
オリーブ油 …… 大さじ1

ニンニク（みじん切り）…… 1片分
バター …… 20g

つくり方

1 牛肉に塩、黒胡椒を振る。常温でやわらかくしたバターにニンニクを混ぜてガーリックバターをつくる。

2 スキレットにオリーブ油を熱し、しっかりと温まったら牛肉を強火で焼く。

3 焼き色が付いたら返して両面を焼き、肉に火が通ったらガーリックバターをのせる。

Point

焼き時間は肉の部位や厚さにもよるが、1.5cm厚のサーロイン肉の場合、〈強火で両面1分30秒ずつ〉を目安に！

至極シンプルな
ステーキ。
だからこそ、基本の
ガーリックバターが
おいしい。

鉄のスキレットの上で、これでもか、とばかりに旨い姿を見せつける。

 **Skillet**

豚肉のハーブガーリックソテー

材料（2人分）

豚ロース肉（とんかつ用）…… 2枚（250g）
塩 …… 小さじ1/3
黒胡椒 …… 適量

バジル …… 2/3パック（10g）
イタリアンパセリ …… 1/2パック（6g）
ニンニク（みじん切り）…… 1片分
ジャガイモ …… 1個
オリーブ油 …… 大さじ1

つくり方

1 豚肉は塩、黒胡椒で下味を付ける。

2 バジル、イタリアンパセリは合わせて細かく刻む。ジャガイモは皮つきのまま1cm厚さの輪切りにする。

3 スキレットにオリーブ油を熱し、ジャガイモを中火で両面焼く。焼き色が付いたら、ジャガイモをスキレットの側面に立てておき、**1**を加えて中火で焼く。

4 豚の両面に焼き色が付いたらスキレットの奥側に豚肉、ジャガイモを重ね、手前側を空ける。

5 空いたスペースに刻んだハーブ、ニンニクを加えて炒める。香りが出てきたら、豚肉、ジャガイモをからめる。

豚とジャガを積み重ね、ソースをつくる！

24

豚とハーブ、ガーリックが織り成す、旨さの競演！

ポテトの層を掘り起こすと……

ポテトミートローフ

丹念な
みじん切りを
心がけて。

材料（4人分）

A 合びき肉 …… 400g
　　ニンジン（みじん切り）…… 70g
　　タマネギ（みじん切り）…… 60g
　　ピーマン（みじん切り）…… 1個分
　　ケチャップ …… 大さじ2
　　中濃ソース …… 大さじ2
　　薄力粉 …… 大さじ1
　　ナツメグパウダー …… 小さじ1
　　塩 …… 小さじ1/2
　　黒胡椒 …… 適量

ジャガイモ …… 1個
ピザ用チーズ …… 30g
オリーブ油 …… 適量

つくり方

1 ボウルに **A** をすべて入れ、粘りが出るまで手でよく混ぜる。

2 ジャガイモは皮つきのまま、薄く輪切りにする。

3 スキレットにオリーブ油をまんべんなくなじませて、**1** を敷き詰める。ジャガイモを **1** の上に、少しズラしながら並べてのせ、蓋をして火をつける。

4 中からジュージューと焼ける音がしてきたら、中弱火にする。
蓋の上にも熱した炭をのせ、そのまま10分ほど火にかける。

5 一度蓋を取ってピザ用チーズを散らし、ふたたび蓋をして炭をのせ、弱火で5分ほど焼く。

6 チーズが溶けたら、食べやすい大きさに切っていただく。

 **Skillet**

グリル・ド・トマトで食べる、スキレット鉄板焼き

材料（2〜3人分）

豚肩ロース肉（かたまり）…… 250g
塩 …… 小さじ 1/3
黒胡椒……適量

ブロッコリー …… 100g
インゲン …… 5本
トマト …… 1個（150g）
オリーブ油 …… 適量

ガーリックパウダー …… 小さじ 1/3
塩 …… 適量
黒胡椒 …… 適量

つくり方

1 豚肉は 1cm 厚さに切り、塩、黒胡椒を振る。ブロッコリーは小房に分け、インゲンは長さを半分に切る。トマトは横半分に切る。

2 スキレットにオリーブ油大さじ 1 と 1/2 を熱し、豚肉を並べ入れて中強火で焼く。空いている場所に、トマトの皮を下にして並べ入れる。

3 肉は返しながら両面を焼き、半分ほど火が通ったら、オリーブ油を適宜足しながらインゲン、ブロッコリーを順に加えて焼く。

4 肉、野菜に火が通ったら、全体にガーリックパウダー、塩小さじ 1/4 を振り、オリーブ油を回しかける。さらにトマトに塩ひとつまみ、黒胡椒を振る。

トマトを切り分け、野菜にからめていただきます！

食べ進むごとにおいしさが増す、スペシャルグリル。

大根おろしを
加えると
さらにおいしい!
でもキャンプに
大根おろしは
難しいかな……

 **Skillet**

スキすき焼き

材料（2〜3人分）

牛カルビ肉（焼き肉用）…… 200g
長ネギ …… 2本
豆腐（絹）…… 1丁
サラダ油 …… 小さじ1

A 水 …… 200mℓ
めんつゆ …… 大さじ3
砂糖 …… 大さじ1/2

つくり方

1 長ネギは5cm長さに切る。豆腐は水気を軽く切り、1cm幅に切る。

2 スキレットにサラダ油を熱し、長ネギを中強火で炒める。油が回ったら長ネギを奥に寄せ、手前で牛肉を焼く。

3 肉に7割ほど火が通ったら、豆腐、**A**を加える。

4 アクを取りながら中火で煮て、具材に火が通ったらいただく。

ジュッという音とともに、あたり一面に香りが立ち込める！

キャンプという非日常。せっかくなのでスイーツレシピを。じつはココだけの話、スイーツをつくる機会が少なくて。もしかすると……はじめて披露するかもしれません。ですので、おやつとしてだけでなく、お酒にも合うレシピを考えました！　甘すぎず、ちょっとずつつまめる3種。焚き火を眺めながらつくって、いただきましょう。

Sweets with Skillet

栗原心平、"ほぼ初"のスイーツに挑戦

🍳 | **Skillet**

（完成まで **20**分）

りんごチョコパンケーキ

材料（3枚分）

リンゴ …… 1/2 個
バター …… 10g
砂糖 …… 大さじ 1 と 1/2

A ┃ ホットケーキミックス …… 150g
　　┃ 牛乳 …… 130㎖
　　┃ タマゴ …… 1 個

チョコレートシロップ（市販）…… 適量

つくり方

1 リンゴは皮をむき、食べやすい大きさに切る。スキレットにバターを熱してリンゴを加え、中強火で焼き付けるように炒める。

2 リンゴに焼き色が付いたら、砂糖を加えて中弱火で炒める。リンゴがくったりとしたら取り出す。

3 ボウルに **A** を入れ、なめらかになるまで混ぜ合わせる。

4 キレイに拭いたスキレットにバター適量（分量外）を熱し、**3** の 1/3 量を流し入れる。弱火で 3 分ほど焼き、プツプツと小さな泡が出てきたら返す。さらに 2 分ほど焼いて取り出す。同様にもう 2 枚を焼く。

5 焼けたパンケーキを重ね、**2** をのせてチョコレートシロップをかける。

Skillet

バゲットトライフル

（完成まで **30** 分）

材料（つくりやすい分量）

バゲット …… 4切れ（3cm厚さ）
バター …… 10g
メープルシロップ …… 適量
オレンジ …… 1個
黒胡椒 …… 適量

〈カスタードクリーム〉
卵黄 …… 4個分
砂糖 …… 100g
薄力粉 …… 大さじ2
牛乳 …… 400㎖
バニラエッセンス …… 6滴

つくり方

1 バゲットは炭火でこんがりと焼き、手で4等分に割ってボウルに入れる。温かいうちに溶かしたバター、メープルシロップ大さじ2を加え、からめる。

2 オレンジは皮をむき、食べやすい大きさに切る。

3 〈カスタードクリームをつくる〉ボウルに卵黄、砂糖を入れて泡だて器ですり混ぜる。白っぽくなるまでしっかりと混ぜ、薄力粉、バニラエッセンスを加えて粉が見えなくなるくらいまで軽く混ぜる。

4 スキレットに牛乳を入れて中火で温める。まわりからふつふつと小さい泡が出てきたら火を止め、泡立て器で牛乳を混ぜながら、**3**を一気に手早く加える。

5 混ざったらふたたび火にかける。ヘラで底から混ぜながら、中弱火で煮詰めてとろみが付いたら火を止める。

6 **1**、**2**をのせてメープルシロップ小さじ2をかけ、黒胡椒を振る。バゲットにカスタードクリームをからめながらいただく。

Point

- カスタードクリームはダマになりやすいので、しっかりと混ぜながら手早く加えて！
- 卵白は「オムレツ」に利用して。ホワイトオムレツ、できますよ。

材料（2人分）

バゲット …… 4切れ（3cm厚さ）

A タマゴ …… 2個
牛乳 …… 大さじ4
練乳 …… 大さじ2

バター …… 10g

バター、メープルシロップ、
粉糖 …… お好みで

つくり方

1 バゲットは両面に浅く十字に切
れ目を入れる。**A**を混ぜ合わせ
て卵液をつくる。

2 密閉袋にバゲット、卵液を入れ
て軽く手でもみ込み、バゲット
に卵液をすべて吸わせる。

3 スキレットにバターを熱し、溶
けたら**2**を並べて蓋をし、中
弱火で焼く。焼き色が付いたら
返し、ふたたび蓋をして両面を
焼く。

4 両面がこんがりと焼けたら、お
好みでバター、メープルシロッ
プ、粉糖をかけていただく。

 **Skillet**

完成
まで **15** 分

カリじゅわ
フレンチトースト

朝ごはんはホットサンドだよね?
え? ホットサンドメーカー、
忘れちゃった? でも、大丈夫。
だって「スキレット」があるからさ。

 **Skillet** （完成まで **10** 分）

ギューギューホットサンド

材料（1人分）

食パン（8枚切り）…… 2枚
バター …… 適量
厚切りハム …… 1枚
スライスチーズ …… 1枚

つくり方

1 スキレットにバターを熱して食パンを入れ、片面のみ中火で焼く。パンがバターを吸ったら、いったん取り出す（焼き色は付いていなくてもよい）。もう1枚、同様に焼く。

2 スキレットでハムを中強火で焼く。返して両面を焼き、焼き色が付いたら取り出す。

3 **1**のパンを1枚焼く。〈焼いていない面を上に〉してスキレットに置く。その上に、ハム、スライスチーズをのせ、もう1枚のパンでサンドする〈焼いた面を上に〉。

4 スキレットをふたたび熱し、**3**を中強火で焼く。ヘラやフライ返しなどで、サンドイッチを上からギューギュー押し付けながら焼き、こんがりと焼き色が付いたら返す。

5 裏面もギューギュー押し付けながら焼き、両面に焼き色が付いたら取り出す。

焼きまーす

手でギュッと押さえ

ハムもこんがりと

ハムをのせて……

チーズをのせて

耳同士がくっつくように

いただきます！

この"ソース"さえあれば！

マスターすべき「鉄板5種ソース」

Master the 5 sauce.

「キャンプ場で細かな味付けはちょっと苦手……」という方もいらっしゃるでしょう？ そこで、事前に自宅でつくって持参する「万能ソース」を準備してみませんか。野菜や肉を焼いて、あとはかけるだけならば「食べる焼肉のタレ」と「BBQソース」を。はたまた、調味料としても活用するならば「レモンペッパーソース」「だしポン酢」「だし醤油」をどうぞ！

食べる焼肉のタレ

焼き上がったお肉に、たっぷりとのせて。

材料（つくりやすい分量）

A
- タマネギ（すりおろし）…… 100g
- ニンニク（すりおろし）…… 1片分
- ショウガ（すりおろし）…… 1片分

ごま油……大さじ1
酒 …… 大さじ5
みりん …… 大さじ3

B
- 醤油 …… 大さじ5
- 砂糖 …… 大さじ1
- 豆板醤 …… 小さじ1

リンゴ（すりおろし）…… 100g
コチュジャン …… 小さじ2
白炒りごま …… 大さじ1

保存期間

冷蔵庫で2〜3週間ほど

1 小鍋にごま油を熱し、**A**を中強火で炒め煮にする。

2 焦げないようにヘラなどで混ぜながら炒め、タマネギの水分がなくなったら、酒、みりんを加えて3〜4分ほど煮る。

3 **B**を加え、よく混ぜながら1分ほど煮詰めて、リンゴ、コチュジャンを加える。

4 さらに混ぜながら煮詰め、リンゴに火が通って全体がとろりとなじんだら、白炒りごまを加えて火を止める。

レモンペッパーソース

保存期間
冷蔵庫で5日ほど

麺類にもお肉にもマッチする、ほのかな酸味。

材料(つくりやすい分量)

水……200㎖
鶏がらスープの素
　（ペースト）…… 小さじ1
ニンニク
　（みじん切り）…… 1片分
〈水溶き片栗粉〉
　片栗粉 …… 小さじ2
　水 …… 小さじ2
A　白炒りごま …… 小さじ2
　塩 …… ふたつまみ
　黒胡椒 …… たっぷり
レモン果汁 …… 大さじ3

つくり方

1 片栗粉と水を混ぜ合わせる。小鍋に水、鶏がらスープの素を入れて強火にかけ、鶏がらスープの素が溶けたらニンニクを加える。

2 しっかりと煮立ったら水溶き片栗粉を加えてとろみをつけ、Aを加える。

3 塩が溶けたら火を止め、レモン果汁を加える。

だしポン酢

保存期間
冷蔵庫で2〜3週間ほど

自家製ポン酢にさわやかな柑橘をプラス。

材料(つくりやすい分量)

A　醤油 …… 200㎖
　みりん …… 50㎖
　鰹節 …… 10g
　だし昆布 …… 5g
カボス果汁 …… 大さじ4

つくり方

1 小鍋にAを入れ、中火にかける。煮立ったら5分ほど煮詰めて火を止める。

2 そのままおいて冷まし、冷めたらザルでこす。カボス果汁を加えて混ぜる。

だし醤油

保存期間
冷蔵庫で2〜3週間ほど

困ったときは……だしと醤油の最強タッグを!

材料(つくりやすい分量)

醤油 …… 200㎖
みりん …… 50㎖
砂糖 …… 大さじ1と1/2
鰹節 …… 10g
だし昆布 …… 5g

つくり方

1 小鍋に材料をすべて入れ、中火にかける。煮立ったら5分ほど煮詰めて火を止める。

2 そのまま置いて冷まし、冷めたらザルでこす。

BBQソース

保存期間
冷蔵庫で2〜3週間ほど

お肉全般なんでもござれの万能ソース。

材料(つくりやすい分量)

ケチャップ …… 大さじ6
ハチミツ …… 大さじ3
醤油 …… 大さじ2
中濃ソース …… 大さじ2
ナツメグパウダー …… 小さじ1
パプリカパウダー …… 小さじ1
コリアンダーパウダー …… 小さじ1
チリパウダー …… 小さじ1

つくり方

1 小鍋に材料をすべて入れ、中火にかける。混ぜながら1分ほど煮詰め、全体がなじんだら火を止める。

＊保存する容器は煮沸消毒してから使用して。

夜の帳が下りてきた。
焚き火の前でグラスを傾けると、
なんだか、語りたくなってしまう。

僕とキャンプと……
料理のこと。

　僕はもともとインドア派で、子どものころからキャンプにはまったく興味を持っていませんでした。

　ある時、友人から誘いを受け、急遽キャンプに行くことになり嫌々ながら参加することになりました。段取り人間の僕は、最初はどうやって効率よく料理をし、さっと食べられるか。撤収の時のことを考え、物は極力少なくしようとか始末のことばかりを考えていましたが、いざキャンプに行ってみると、大自

然の解放感、しがらみから解き放たれた自由さ……ひと言でいえば、「気持ちいい」と思えたんです！

　キャンプ場に着いてすぐにビールが渡され、ゆっくりとテントやキッチンを設営する。みんな思い思いに料理をし、どんどん食卓に料理が並んでゆく……なんてゆったりと時間が流れるんだろう。

　そしておなかがいっぱいになって日が暮れると、焚き火を囲んでお酒を飲みながら人生

を語るみたいな（笑）

　僕はキャンプの虜になってしまいました。ふだん、時間のことを第一に考えている僕からしてみるとキャンプは完全な非日常。誰にも縛られない、自分で時間も決めなくていい、酒を飲みたいと思ったら酒を飲み、小腹が空いたらちょっとしたおつまみをパパっとつくる。なんかリセットする感じなんですよね〜。

　料理の内容についてもまさに自由。道の駅や直売所でよい食材に出会ったら、それが今晩のメイン。持っていける調味料にも限りがあるので、複雑な料理はできないけれど、おいしい食材の味がダイレクトに感じられるような料理ばかり。でも、火入れや切り方なんかにはこだわりたいですね。

　この本では、そんなキャンプに魅せられた僕が実際につくっている料理ばかりです。みなさんも、このレシピを活用して、キャンプという、自分だけの特別な日を心行くまで楽しんでください。

家族や仲間とキャンプに出かけて、夜、焚き火を囲んで。
つくった料理をみんなが食べている姿を眺めながら、酒を飲む。
ホント、幸せだなぁ、と感じるひとときです。

いつも、細々と動いてしまう、そんな性分(笑)。

焚き火があるだけで、ごちそうだよね。

と、言いつつ、"ひとりのキャンプ"も好きなんです。

メスティン解体新書

深さ
6.2 cm

17.0 cm

容量
750 ml

9.5 cm

重さ
150 g

トランギア

| **TRANGIA** |

1925年スウェーデンで
創業したクックウエアメ
ーカー。

ハンドル

メスティンとは?

アルミ製の飯ごうで、今やソロキャンや登山に欠かせない万能クッカー。アルミゆえに軽く、その形状から小物や調味料を入れるのにも便利。ステンレスや鋳鉄と比べると熱伝導がいいため、湯がすぐ沸き、ゆで卵やラーメンなどパパッとすませたい調理に便利だ。意外にも蓋の密閉度が高く、炊飯に適している（そもそも飯ごうだから当然ですね）。各社からさまざまなメスティンが登場しているが、本家はスウェーデンのTrangia（トランギア）。容量750mℓと1350mℓの2サイズ展開している。

メリット!

(安くて丈夫で使い勝手がいい。)

(軽量でコンパクト。ハンドルを折りたためば
直方体になり収納しやすい。)

(飯ごうだからこそシンプルな炊飯が得意
（ピラフや炊き込み御飯も!）。)

使い方のコツ

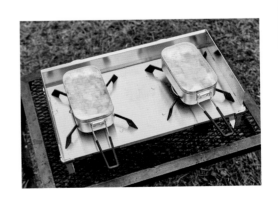

1 買ったばかりのメスティンのフチにはギザギザしているところ（バリ）がある。ここを紙ヤスリで磨くべし。

2 使いはじめは、米のとぎ汁を入れて沸騰させること。これをシーズニングといい、とぎ汁が膜となり、焦げ付きを防ぎ、アルミ特有のニオイを軽減してくれる。

3 鍋底全体に火を当てるべく、調理中は静かに前後に動かそう。

4 焚き火による"スス汚れ"はタワシでこすればすぐに落ちる。だが、金タワシや重曹はNGです。

5 "ひどい焦げ"を落とすには、水に大さじ1〜2の酢（またはクエン酸）を入れ沸騰させてひと晩放置。翌日、スポンジでこすればよい。＊酢の入れすぎに注意するべし。

メスティンならではの朝ごはん

キャンプ二日目の早朝―――――昨夜のにぎやかな宴とはうらはら、静かな朝霧に包まれて。旅先という高揚感もあって、いつもより早く目が覚めちゃいますよね。散策したり、コーヒーを淹れてのんびりしたり。リラックスした時間を過ごしながら朝食の用意を。「前の晩の残り物を温めて」もいいですが、メスティンでつくる胃腸にもやさしいメニューはどうでしょう？ お粥にポタージュ、オムレツと3品そろえばちょっとゴージャスに。一般にメスティンレシピは「材料を入れて火にかければOK」が多いですが、手をかけたほうが、格段においしく仕上がりますよ。

Breakfast
with Mess tin

さわやかな朝を彩る、メスティンモーニング。

前後にメスティンを揺らして、均等に火を当てる。ゆっくりゆっくり、と。

━█ | **Mess tin**

とろとろ粥

(完成まで **20**分)

材料（1人分）

米 ⋯⋯ 1/2 合
水 ⋯⋯ 適量

青ネギ（小口切り）⋯⋯ 適量
鰹節（ソフトパック）⋯⋯ 1袋（4g）
醤油 ⋯⋯ 適量

つくり方

1 米は洗ってザルにあげる。メスティンに米を入れ、内側の線まで水を加えて中強火にかける。

2 沸いたら弱火にし、底が焦げないように時々混ぜながらゆっくりと煮る。

3 米が水分を吸ってとろりとしたら、火を止める。

4 別の器で鰹節に醤油を混ぜ、おかかをつくる。

5 3に青ネギ、おかかをのせていただく。

完成まで **20**分

カボチャの
ハチミツポタージュ

◎材料（2人分）

カボチャ …… 200g
バター …… 10g
牛乳 …… 300㎖

A 顆粒コンソメ …… 小さじ1/2
ハチミツ …… 小さじ1
塩 …… 小さじ1/4
黒胡椒 …… 適量

パセリ（みじん切り）…… 適量

つくり方

1 カボチャは皮つきのまま3㎝角大に切ってメスティンに入れ、かぶるくらいまで水（分量外）を加えて強火にかける。沸いたら弱火にして10分ほど茹でる。

2 カボチャがやわらかくなったら、水分を捨ててバターを加える。弱火にかけながら、木ベラでカボチャをなめらかになるようつぶす。

3 カボチャがつぶれたら、牛乳を加えて中火で煮る。焦げないように時々、底をこそぎながら煮て、少しとろみが付いたら **A** を加える。

4 ハチミツが溶けたら火を止め、パセリを散らす。

— | **Mess tin**

メスティン
オムレツ

(完成まで **15** 分)

材料（2人分）

ベーコン …… 60g
タマネギ …… 50g
ピーマン …… 1個

タマゴ …… 2個
塩 …… 適量
黒胡椒 …… 適量
バター …… 10g
ケチャップ …… 適量

つくり方

1 ベーコン、タマネギ、ピーマンは粗みじん切りにする。タマゴをボウルに溶きほぐし、塩ひとつまみを加える。

2 メスティンにバターを熱し、ベーコン、タマネギ、ピーマンを中火で炒める。ベーコンの香りが出てきたら塩ひとつまみ、黒胡椒を振る。

3 タマネギに火が通ったら、タマゴを回し入れて蓋をし、弱火にかける。

4 香ばしい香りがしてきたら火を止め、蓋を取ってケチャップをかける。

オススメ！焼いたパンにのせてどうぞ！

アルミでできているメスティンは軽くてすぐに温まること、なにより、この直方体の形状が特徴です。慣れないうちは戸惑うかもしれませんが、コンパクトなクッカーとして、ひとり〜ふたり分のおかずをつくるのに適していますよね。注意する点は、細長い鍋底にムラなく火が当たるようにメスティンを動かしながら使うこと。僕自身はあまりメスティンを使うことがありませんでした。家族や友人たちとそこそこ大人数でのキャンプだと、ちょっと小さいかな、と。でも、今回試作を重ねたところ、想像以上に使い勝手がいいと実感。小さいゆえに失敗もしにくいですし。3、4個は持参して"ちょこっとおかず"をたくさんつくりたいですね。

メインディッシュをメスティンで

Maindish with Mess tin

鶏手羽中のテリ煮

材料（2〜3人分）

鶏手羽中 …… 300g
塩 …… 小さじ 1/3
黒胡椒 …… 適量

A │ 醤油 …… 大さじ 1 と 1/2
　　│ すし酢 …… 大さじ 1
　　│ みりん …… 大さじ 1/2
　　│ 砂糖 …… 小さじ 1
　　│ 味噌 …… 小さじ 1
　　│ 豆板醤 …… 小さじ 1/3
　　│ ニンニク（すりおろし）…… 1 片分
　　│ （※チューブを使用する場合は 2/3 量にする）
　　│ ショウガ（すりおろし）…… 1 片分
　　│ （※チューブを使用する場合は 2/3 量にする）

ごま油 …… 大さじ 1
水 …… 大さじ 2

つくり方

1 鶏肉は塩、黒胡椒で下味を付ける。
　　A は混ぜ合わせる。

2 メスティンにごま油を入れ、メスティ
　　ンの側面までしっかりと油を回す。
　　鶏肉の皮目を下にして並べ入れ、返
　　しながら中火で焼く。

3 両面に焼き色が付いたら水を加え、
　　蓋をして中火で 3 分ほど火にかけ
　　る。水分が減り、焼ける音が「ジュ
　　ージュー」から「パチパチ」に変わ
　　ってきたら火を止める。

4 蓋を外して **A** を回し入れ、中強火
　　にかけて煮からめる。煮汁にとろみ
　　が付き、照りが出てきたら火を止め
　　る。

メスティンの幅にぴったりマッチする鶏手羽をテリッ、テリに。

完成まで **20**分

ひとくち鶏団子のトマトスープ

材料（2人分）

A 鶏ももひき肉 …… 150g
塩 …… 小さじ 1/2
黒胡椒 …… 適量

トマト
　…… 大 1 個（正味 350 〜 400g）
ピーマン …… 1 個
タマネギ …… 30g
オリーブ油 …… 大さじ 1

つくり方

1 トマトは 3cm角大のザク切り、ピーマン、タマネギは粗みじん切りにする。**A** をボウルに入れ、粘りが出るまで手でよく混ぜる。

2 メスティンにオリーブ油を熱し、トマトを中火で炒める。水分が出てきたら、トマトをスプーンでつぶしながら炒め煮にする。

3 トマトの形がなくなってきてスープのようになったら、ピーマン、タマネギを加える。

4 スープがふたたび沸いたら、**1** の肉ダネをスプーンですくって加える。鶏団子に火が通ったら火を止める。

もう少し煮詰めてトロリとさせたら……。ごはんにかけていただくのもおいしい。

Point

小さめの"ひと口大"で！

肉団子は
きっちり固めず、
スプーンで
コロッと投入。

生クリームをとろり注げば……
風味まろやかな煮物に。

カブと鶏のごろごろ煮

材料（2人分）

カブ …… 中2個

鶏もも肉 …… 1/2枚（150g）
生クリーム …… 200mℓ
ニンニク …… 1片

塩 …… 適量
ごま油 …… 大さじ1
パセリ（みじん切り）…… 適量

つくり方

1 カブは茎を1cmほど残して皮をむき、縦半分に切る。鶏肉は縦に1.5cm厚に切る。ニンニクは縦半分に切る。

2 メスティンにごま油を熱し、カブを中火で焼く。断面に焼き色が付いたら、生クリーム、鶏肉、ニンニク、塩小さじ1/3を加える。

3 スープが沸いたら弱火にして、そのまま15分ほど煮る。

4 カブがやわらかくなったら、味を見て、薄ければ塩小さじ1/3を加え混ぜる。パセリを散らす。

ゴロゴロしたカブと、しっとりやわらかな鶏肉で満足感たっぷりの食べごたえ。

いよいよ、メスティンの得意技、炊飯レシピの登場です。おかゆに炊き込みごはんとなんでもおいしくできると思いますが、ここではピラフを。コツは洗ったお米の水をよく切ること、そして、お米をじっくりと炒めることです。メスティンの幅と同じくらいの「ヘラ」が便利で、メスティンの上下を行ったり来たりさせながら炒めてください。決して乱暴にせずに。やさしく丁寧にじっくり、じっくりと。その後、蓋をして10分、蒸らしに10分。おいしいピラフの完成です。

Cooked Rice
with Mess tin

メスティンごはん

58

蓋を開けた途端、炊き立てのいい香りが！

🥄 **Mess tin**

(完成まで **30**分)

基本のベーコンピラフ

材料は均一サイズのみじん切りに。ココ、じつはかなり重要です。

材料（1〜2人分）

米 …… 1合
ベーコン（粗みじん切り）…… 70g
タマネギ（みじん切り）…… 30g
ピーマン（みじん切り）…… 1個分
ニンニク（みじん切り）…… 1片分

A 水 …… 180㎖
顆粒コンソメ …… 小さじ 1/2
塩 …… 小さじ 1/4

オリーブ油 …… 大さじ 1/2

つくり方

1 米は洗ってザルにあげる。**A**を混ぜ合わせる。

2 メスティンにオリーブ油を熱し、ニンニクを中火で炒める。香りが出てきたらベーコン、タマネギ、ピーマンを加えてざっと炒め合わせ、米を加えてさらに炒める。

3 米に油が回り、ベーコンの香りがしてきたら火を止めて**A**を加える。ヘラで底からこそぐように大きく混ぜ、強火にかける。

4 沸騰したら蓋をして極弱火で10分炊き、火を止めてそのまま10分蒸らす。蓋を取り、全体をさっくりと混ぜる。

"ぼったらかし"に
するのではなく、
丁寧にヘラを動かす、
これ鉄則。

完成まで **30**分

カレーピラフ

材料（1〜2人分）

米 …… 1合

A | ソーセージ …… 3本
ニンジン（みじん切り）…… 30g
タマネギ（みじん切り）…… 30g
ピーマン（みじん切り）…… 1個分

ニンニク（みじん切り）…… 1/2片分
ショウガ（みじん切り）…… 1/2片分

B | 白ワイン …… 大さじ1
ウスターソース …… 大さじ1
カレー粉 …… 大さじ1
顆粒コンソメ …… 小さじ1/2
塩 …… 小さじ1/2

水 …… 適量
オリーブ油 …… 大さじ1

つくり方

1 米は洗ってザルにあげる。ソーセージは5mm厚さの輪切りにする。

2 **B**に水を合わせ、180mℓに計量する。

3 メスティンにオリーブ油を熱し、ニンニク、ショウガを中火で炒める。香りが出てきたら**A**を加えてざっと炒め合わせ、米を加えてさらに炒める。

4 米に油が回ったら火を止めて、**2**を加える。ヘラで底からこそぐように大きく混ぜ、蓋をして強火にかける。

5 沸騰したら蓋をして極弱火で10分炊き、火を止めてそのまま10分蒸らす。蓋を取り、全体をさっくりと混ぜる。

完成まで **30**分

青ネギたっぷり
サバ缶ピラフ

材料（1～2人分）

米……1合
サバ水煮缶……1缶（190g）
ニンニク（みじん切り）…… 1片分

A ┌ サバ水煮缶の漬け汁 …… 1缶分
　　│ 白ワイン …… 大さじ 1/2
　　│ 顆粒コンソメ …… 小さじ 1/2
　　└ 塩 …… 小さじ 1/3

水 …… 適量
オリーブ油 …… 大さじ 1/2
青ネギ（小口切り）…… たっぷり
黒胡椒 …… 適量
レモン（くし形切り）…… 1/4個

つくり方

1 米は洗ってザルにあげる。サバ水煮缶は、身と汁に分ける。

2 **A** に水を合わせ、180mℓに計量する。

3 メスティンにオリーブ油を熱し、ニンニクを中火で炒める。香りが出てきたら米を加えて炒め、米に油が回ったらサバ缶の身を加える。ヘラでサバの身を大きくほぐし、**2**を加える。

4 ヘラで底からこそぐように大きく混ぜ、強火にかける。沸騰したら蓋をして極弱火で10分炊き、火を止めてそのまま10分蒸らす。

5 蓋を取り、青ネギをのせて黒胡椒を振る。レモンをしぼり、全体を混ぜ合わせていただく。

メスティンなのにお店の味!?

メスティンでポテサラ三昧！

酒場のポテサラ、家庭のポテサラ、シンプルポテサラ、具沢山ポテサラ……と、ひとくちにポテトサラダといっても、いろいろあります。それぞれ好みがありつつも、やっぱり、みんな大好きですよね？　基本を覚えればそれほど面倒はありません。漬物や塩サバなど、意外性ある具を合わせて、ポテサラの可能性を広げてみては。

ポテトサラダ 基本の茹で方 ワンツースリー

1 ジャガイモは皮をむいて12等分に切り、メスティンに入れる。水をかぶるまで加え、強火にかける。

2 煮立ったら弱火にして、ジャガイモがやわらかくなるまで茹でる。

3 茹で汁を捨てる。

ベーコンと青ネギのポテサラ

材料（2～3人分）

ジャガイモ ┄┄ 大2個（正味250g）
ベーコン ┄┄ 60g

A | 青ネギ（小口切り）
　　　　┄┄ 2本分（20g）
マヨネーズ ┄┄ 大さじ2
塩 ┄┄ 小さじ1/3
黒胡椒 ┄┄ 適量

（完成まで **40** 分）

つくり方

1 P64〈基本のワンツースリー〉を。

2 ベーコンは1cm角に切る。

3 ジャガイモをメスティンの奥に寄せる。手前の空いた場所にベーコンを入れて中強火にかけ、それぞれを炒める。

4 ベーコンの脂が出てきて、焼き色が付いてきたら火を止める。＊ジャガイモにも焼き目が付いてよい。

5 ヘラでジャガイモをつぶしながら、全体を混ぜる。

6 しばらく置いて粗熱を取り、冷めたら**A**を加えて混ぜ合わせる。

たっぷり青ネギが合う！
つぶして、なめらかに。
ジャガイモを丁寧に

| **Mess tin**

塩サバ
ポテサラ

材料（2〜3人分）

ジャガイモ …… 大2個（正味250g）
塩サバ …… 半身（正味100g）
タマネギ（みじん切り）…… 40g
マヨネーズ …… 大さじ3
塩 …… ひとつまみ
黒胡椒 …… 適量

（完成まで **40**分）

つくり方

1 P64〈基本のワンツースリー〉を。

2 炭火で熱した網に塩サバをのせて焼く。塩サバに火が通ったら粗熱を取り、骨を取り除いてほぐす。

3 **1**を強火にかけて、ジャガイモの水分を飛ばす。ヘラでつぶし、温かいうちに**2**、タマネギを加えて混ぜる。

4 しばらく置いて粗熱を取り、冷めたらマヨネーズ、塩、黒胡椒を加えて混ぜ合わせる。

ほぐしたサバの身とふんわりジャガイモ。ホットサンドにしても。

 **Mess tin**

漬物
ポテサラ

材料（2〜3人分）

ジャガイモ …… 大2個（正味250g）
キュウリのぬか漬け …… 70g
たくあん …… 30g

A | マヨネーズ …… 大さじ1
　　| すし酢 …… 大さじ1
　　| 黒胡椒 …… 適量

（完成まで **40**分）

つくり方

1 P64〈基本のワンツースリー〉を。

2 キュウリのぬか漬け、たくあんは極薄切りにする。

3 **1**を強火にかけてジャガイモの水分を飛ばし、ヘラでつぶす。

4 しばらく置いて粗熱を取り、冷めたら**2**、**A**を加えて混ぜ合わせる。

ぬか漬けの歯ごたえと、酸味がナイス。すし酢が影の立役者に。

超お手軽ランチレシピ

キャンプ場について、
自分の居場所をつくったら……。
そりゃあ、昼ごはんでしょ!?

朝、自宅を出発して数時間でキャンプ場に到着。朝ごはんを道中のサービスエリアですませる方も多いでしょうが、「早く、キャンプ場に行きたい！」と、気持ちが逸っていると、朝ごはん抜きの場合もありますよね？　地元のスーパーや道の駅などで食材やお酒を調達したら、すぐにチェックイン。テントを設営したり、なんだかんだと準備をしているうちに……小腹が空くのは当然のこと。でも、あくまでもメインは夜ごはんゆえに、ここでガッツリ食べるワケにはいきません。と、いうときにオススメな、お手軽＆スピーディーなレシピをどうぞ。

QUICK LUNCH

チャッチャッと、つくっちゃいますね！

よーく混ぜて召し上がれ。

🍳 | **Skillet**　　　　（完成まで **5** 分）

スキかまたまうどん

材料（1人分）

うどん（生麺）……1玉
だし醤油
　　……大さじ1と1/2
　　　　（P39参照）
卵黄……1個
青ネギ（小口切り）……適量

つくり方

1 スキレットに湯（分量外）を沸かし、うどんを袋の表示を参考にして茹でる。茹で上がったら水気を切り、スキレットに戻し入れる。

2 卵黄、青ネギをのせ、だし醤油を回しかける。全体を混ぜ合わせていただく。

ソースに漬け込むようにしっかり焼いて。

 | **Skillet**

（完成まで **15** 分）

レモンペッパー焼きそば

材料（2人分）

豚肉（切り落とし）…… 100g
キャベツ …… 100g
ピーマン …… 1個
中華麺（蒸し麺）…… 2玉
ごま油 …… 大さじ 1/2
水 …… 大さじ 1 と 1/2
レモンペッパーソース
　…… 大さじ 3（P39 参照）
塩 …… ひとつまみ

つくり方

1 キャベツはざく切りに、ピーマンは縦半分に切って種を取り、縦 7 〜 8mm幅に切る。

2 スキレットにごま油を熱し、豚肉を中強火で炒める。豚肉に半分ほど火が入ったら、キャベツ、ピーマンを加えて中華麺をのせる。

3 水を回しかけて蓋をし、中火で蒸し焼きにする。途中で蓋を開けて麺をほぐしながら、2 分ほど火にかける。

4 麺がほぐれて肉に焼き色が付いたら蓋を外し、レモンペッパーソースを回しかける。手早く炒め合わせ、塩で調える。

油揚げ麺で手早く完成。

━━ | **Mess tin** 〔完成まで **10**分〕

キムチラーメン

材料（1〜2人分）

A | 水 …… 400㎖
ニンニク（薄切り）
…… 1/2 片分
鶏がらスープの素（ペースト）
…… 小さじ 1/2

味噌 …… 大さじ 1/2
中華麺（油揚げ麺）…… 120g
キムチ …… 80g
ごま油 …… 適量
白すりごま …… 適宜

つくり方

1 メスティンに **A** を入れて中火にかけ、沸いたら味噌を溶かし入れる。

2 ふたたび沸いたら、麺を加えて中火で煮る。麺がほぐれたら、キムチを加えてひと煮立ちさせる。

3 ごま油を回しかけ、白すりごまを振る。

香ばしさとスパイシーさのあわせワザ。

 Skillet

おこげ焼きカレー

(完成まで **20**分)

材料（2〜3人分）

牛ひき肉 …… 150g
タマネギ（粗みじん切り）…… 100g
バジル（粗みじん切り）
　…… 1/3 パック（5g）
ニンニク（みじん切り）…… 1片分
ショウガ（みじん切り）…… 1片分
水 …… 100ml
赤ワイン …… 50ml

A | 中濃ソース …… 大さじ2
　 | ケチャップ …… 大さじ1
　 | カレー粉 …… 大さじ1
　 | 塩 …… 小さじ1/3

オリーブ油 …… 適量
温かいごはん …… 適量

つくり方

1 スキレットにオリーブ油大さじ1/2を熱し、ニンニク、ショウガを中強火で炒める。

2 香りが出てきたら牛ひき肉、タマネギ、バジルを加えて炒め、肉に8割ほど火が入ったら水、赤ワインを加える。中火で5分ほど煮詰め、**A**を加え混ぜる。

3 全体がなじんだら、スキレットの中央を空けるようにカレーを寄せて、中央に温かいごはんを加え、オリーブ油適量を全体に回しかける。

4 そのまま中火にかけ続け、底面を焦がしながらスプーンなどでこそぎ、カレーと少し焦がしたごはんを混ぜていただく。

まるで"お好み焼き"のような……

Skillet

（完成まで **10** 分）

お好みごはん焼き

材料（2〜3人分）

A | ごはん …… 200g
タマゴ …… 1個
塩 …… 小さじ 1/4

サラダ油 …… 大さじ 1 と 1/2

中濃ソース、マヨネーズ、
鰹節、青のり、紅しょうが
…… 各適宜

つくり方

1 カップに **A** を入れ、よく混ぜ合わせる。

2 スキレットにサラダ油をしっかりと熱し、**1** を流し入れて蓋をし、中弱火で焼く。

3 底面がカリッカリになったら返し、蓋を外してさらに 1 分ほど焼く。

4 中濃ソース、マヨネーズをかけて、鰹節、青のりを散らす。紅しょうがを添え、食べやすい大きさに切り分けていただく。

ダッチオーブン解体新書

ロッジ

LODGE

1896年、アメリカで誕生したキャストアイアン調理道具メーカー。

ハンドル

厚さ
3 mm

内径
25.5 cm

深さ
10.5 cm

重さ
5.71 kg

ダッチオーブンとは？

アメリカ西部開拓時代に使われていた鉄製の鍋を起源とする、同素材の蓋とセットとなった鍋のこと。主に鉄製（鋳鉄、鋳物ホーロー、黒皮鉄板、南部鉄器など）だが、ステンレス製もある。焼く・蒸す・煮る・炊く・揚げる・燻す……とあらゆる調理に適しているが、蓄熱性が高く蒸気を逃さないため、"じっくり"構える調理におすすめしたい。焚き火にはトライポッドを用意して。蓋にも炭や薪火を置き、上下の火を利用したオーブン調理に使える。

＊ご家庭のキッチンでは"脚"のないタイプが扱いやすい。

メリット！

（ 蓄熱性が高く、食材を入れても温度が
下がりにくいため、ムラなく調理できる。 ）

（ 蓋が重く、
蒸気(旨み)を逃さず調理できる。 ）

（ 密閉度が高いため、
素材の持つ水分だけでも調理可能。 ）

使い方のコツ

1. 使い方のコツは〈P12 スキレット〉とほぼ同様。

2. クルマで運ぶ際、専用ケースや購入時の箱に入れる必要はなし。ラゲッジスペースやシートの下に置いても、鍋自体が重いため転がる心配は少ない。

3. 新聞紙や風呂敷で鍋全体を包めば、中の料理を保温しながら運ぶことができる。

4. 当然ながら、鍋はかなり熱を持つ。使用の際は厚手の耐熱手袋を用意すべし。

5. 大きな取っ手は焚き火に吊るす時に、底部の脚は焚き火に放り込んだ際にも安定感をキープする。

6. 自宅のキッチンがメインの使用場所ならば、"脚なし"のほうが使い勝手がよい。

やっぱり、丸鶏やっちゃうよね？（笑）

ダッチオーブンことはじめ

吊るして火にかけ、上火もね。

**Starting
Dutch oven**

キャンプといえばダッチオーブン！ それは
もう、揺るぎないイメージです。焚き火にダ
ッチオーブンを吊るして、豪快に調理する。
豪快？ たしかにキッチンでは躊躇するよう
な丸鶏ローストなど、いかにもな野外料理で
すが、手順はわりと静か。鍋に手をかけずと
も、遠火と時間が勝手においしくしてくれる
んです。だから、鍋に付きっ切りになる必要
もなし。ほかの料理に集中していても、遊ん
でいても大丈夫。僕はLODGEの鋳鉄製をメ
インにしていますが、取り扱いのラクな
SOTOのステンレス製も愛用してます。

おいしく、おいしくな〜れ、と念じて（笑）

Dutch oven

完成まで **60〜90**分

丸鶏のローストチキン グレイビーソース

材料（5〜6人分）

丸鶏（中抜き）…… 1羽（1.8kg）
塩 …… 小さじ2
黒胡椒 …… 適量
オリーブ油 …… 大さじ4
ローズマリー …… 4本
タイム …… 5〜6本
ジャガイモ …… 5個

バター …… 10g
塩 …… 小さじ1/2

つくり方

1 丸鶏は塩、黒胡椒を全体にまぶし、オリーブ油をかける。ローズマリー、タイムの半量をお腹の中に入れ、もう半量は両脇にはさむ。

2 ジャガイモは皮つきのまま1cm厚さに切る。ダッチオーブンの底に敷き詰め、**1**をのせる。

3 蓋をしてトライポッドに吊るし、火にかける。火の通りにくい「ももの部分」を中心に、蓋の上にも炭をのせる。

4 鍋の中からジューッと常に音が聞こえるくらいの火加減で、鶏肉に火が通るまで焼く。

5 〈グレイビーソースをつくる〉
ダッチオーブンから鶏、ジャガイモを取り出し、残った肉汁にバター、塩を加える。混ぜながら少し火にかけ、バターが溶けたら器に盛る。

6 鶏は切り分け、お好みでグレイビーソースをかけながらいただく。

肉汁でグレイビーソースをつくります。

焚き火でジワリ……温めて。

手で裂く場合は、少し冷ましてから。

余ったローストチキンは翌朝サンドイッチにしてもいいね。

| **Arrange**

食パンにローストチキンとポテサラ（P64 参照）を挟んで、表面をこんがりと焼く。

じっくりコトコト、ひたすらコトコト煮込むべし。

Dutch oven 　完成まで **100〜120** 分

ほったらかしポトフ

材料（5〜6人分）

A | 豚スペアリブ …… 1kg
 | ニンニク …… 4片
 | ローリエ …… 1枚
 | 水 …… 1600mℓ

ジャガイモ …… 4個
ニンジン …… 2本
塩 …… 小さじ2
黒胡椒 …… たっぷり

フレンチマスタード
…… お好みで

つくり方

1 ダッチオーブンに **A** を入れ、強火にかける。沸いてきたら弱火にし、蓋をして60分以上煮る。

2 ジャガイモは半分に、ニンジンは大きめの輪切りにする。

3 鍋の中のスープの量が2/3くらいになったら、ニンジンを加えて煮る。15分ほど煮込み、ジャガイモを加える。

4 蓋を外してそのまま20分以上煮込み、具材がすべてやわらかくなったら、塩、黒胡椒を加える。

5 器によそい、お好みでフレンチマスタードを付けながらいただく。

キモはひたすら待つこと。それだけで旨い！

（完成まで **20**分）

たっぷりキノコと牛肉のめんつゆ鍋

材料（4〜5人分）

キノコ（椎茸、舞茸、平茸などなんでも OK）
　…… お好きなだけ
牛切り落とし肉 …… 200g
油揚げ …… 3枚
厚揚げ …… 2枚

水……1500㎖

A めんつゆ（3〜4倍濃縮）…… 200㎖
　　 醤油 …… 50㎖
　　 みりん …… 50㎖
　　 ショウガ（薄切り）…… 2片分

つくり方

1 キノコは食べやすい大きさに切る（または
　 ほぐす）。油揚げは 2㎝幅に、厚揚げ
　 は食べやすい大きさに切る。

2 ダッチオーブンに水を入れて強火にかけ、
　 沸いたら **A** を加える。

3 ふたたび沸いたら油揚げ、厚揚げ、牛肉
　 を加えて煮る。

4 牛肉に火が通ったらキノコを加えてさっ
　 と煮る。

地元のスーパーで手に入れた
ご当地食材をたっぷりと。

キノコは煮過ぎず、食感が残っているうちにいただくのがおいしい！

Point

煮汁は残して！ シメや翌朝にうどんやそばを入れてもいいね。

Dutch oven

（完成まで **40**分）

投入するだけのスパゲッティ

材料（4〜5人分）

豚肩ロース肉
　（シチュー・カレー用）…… 400g
塩 …… 小さじ1
黒胡椒 …… 適量
ニンニク …… 3片
キャベツ …… 100g
ソーセージ …… 6本
オリーブ油 …… 大さじ1

A ｜ 水 …… 1000mℓ
　｜ 白ワイン …… 50mℓ
　｜ ローズマリー …… 2枝
　｜ ローリエ …… 1枚

スパゲッティーニ …… 150g
塩 …… 小さじ1/3

つくり方

1 豚肉は塩、黒胡椒で下味を付ける。ニンニクは縦半分に切る。キャベツは大きめに手でちぎり、ソーセージは5〜6mm厚さの斜め切りにする。

2 ダッチオーブンにオリーブ油を熱し、豚肉、ニンニクを炒める。豚肉に焼き色が付いたら、**A**を加える。

3 煮汁が沸いたら蓋をして弱火で約30分煮る。

4 キャベツ、ソーセージを加えて中強火にする。煮汁がふたたび沸いたらスパゲッティーニを加えて4分煮る。

5 塩を加えてさらに4分煮る。全体を混ぜ合わせていただく。

素材を入れて、
あとは"鍋"まかせ。

お手製ソーセージの
アレンジレシピ。

Dutch oven 完成まで **30** 分 肉ダネからつくる場合 完成まで **40** 分

ハーブソーセージの
トマト煮

材料（5〜6人分）

〈ビッグハーブソーセージの肉ダネ〉
　…… 約500g（P10 掲載）
オリーブ油 …… 大さじ1

A | トマト缶 …… 2缶（800g）
　　| 水 …… 100mℓ
　　| 白ワイン …… 60mℓ

塩 …… 小さじ1/2
パセリ（みじん切り）…… 適量

つくり方

1 〈肉ダネ〉は8等分にして、それぞれ楕円の棒状にまとめる。

2 ダッチオーブンにオリーブ油を熱し、**A**を加えて中弱火にかける。沸いたら**1**を加え、蓋をして弱火で15分ほど煮込む。

3 蓋を取って塩を加え、中火でさらに5分ほど煮る。火を止めてパセリを散らす。

〝すじ〟もとろける、あったかシチュー。
でも、牛すじじゃなくてもイケますよ。

 **Dutch oven**

牛すじのビーフシチュー

材料（5〜6人分）

牛すじ肉 …… 500g
塩 …… 小さじ 1/2
黒胡椒 …… 適量
ジャガイモ …… 3 個
ニンジン …… 2 本
タマネギ …… 150g
オリーブ油 …… 大さじ 1

A
水 …… 1800㎖
ウィスキー …… 大さじ 2
ニンニク …… 1 片
ローリエ …… 1 枚

B
デミグラスソース缶 …… 1 缶（290g）
中濃ソース …… 大さじ 3
ケチャップ …… 大さじ 2
ハチミツ …… 大さじ 1 と 1/2
塩 …… 小さじ 1

つくり方

1 牛すじは大きければ食べやすい大きさに切り、塩、黒胡椒で下味を付ける。ジャガイモは 4 等分、ニンジンは大きめの斜め切りにする。タマネギは繊維に沿って 1cm幅に切る。ニンニクは縦半分に切る。

2 ダッチオーブンにオリーブ油を熱し、牛すじを強火で焼く。両面をしっかりと焼き付け、焼き色が付いたら **A** を加える。スープが沸いたら蓋をして弱火で 2 時間ほど煮込む。

3 **1** の野菜を加え、ふたたび沸いたら蓋をして弱火で 15 分ほど煮る。

4 野菜がやわらかくなったら **B** を加え、蓋を取って 5 分煮る。

カリフラワーの食感の〝妙〟を味わいつくす。

Dutch oven （完成まで **30**分）

カリフラワーの
クリームスープ

材料（5〜6人分）

カリフラワー …… 1株（正味550g）
鶏もも肉 …… 2枚（600g）
塩 …… 小さじ2/3
黒胡椒 …… 適量
マッシュルーム（生）
　　…… 1パック（120g）

A 牛乳 …… 600ml
　　生クリーム …… 200ml
　　ニンニク …… 1片
　　ローズマリー …… 2枝

オリーブ油 …… 大さじ2
塩 …… 小さじ1
黒胡椒 …… 適量

つくり方

1 カリフラワーは大きめの小房に分ける。鶏肉は1枚を6等分に切り、塩、黒胡椒を振る。マッシュルームは石づきを取り、ニンニクは縦半分に切る。

2 ダッチオーブンにオリーブ油を熱し、鶏肉の皮目を下にして並べ入れる。中強火で皮目のみを焼き、皮目が焼けたら **A** を加える。

3 スープが沸いたら少しずらして蓋をし、弱火で10分ほど煮る。カリフラワーを加え、蓋をして中火でさらに7分煮る。

4 蓋を取り、マッシュルーム、塩、黒胡椒を加えて蓋をせずに5分煮る。

ビーフジャーキーの概念を覆す、しっとりほぐれる魅惑の味。

 Dutch oven 完成まで**240**分

ジューシージャーキー

材料（つくりやすい分量）

牛バラ肉（かたまり）…… 800g

A ┌ 塩 …… 小さじ 2
　 │ コリアンダーパウダー …… 小さじ 1
　 │ ナツメグパウダー …… 小さじ 1
　 │ パプリカパウダー …… 小さじ 1
　 │ チリパウダー …… 小さじ 1
　 └ ガーリックパウダー …… 小さじ 1

オリーブ油 …… 大さじ 2

水 …… 200mℓ
赤ワイン …… 30mℓ
BBQ ソース …… 適量（P39 参照）

つくり方

1 牛肉に **A** をまぶし、オリーブ油大さじ 1 を塗ってすり込む。そのまま常温で 30 分以上置く。

2 ダッチオーブンにオリーブ油大さじ 1 を熱し、**1** を中強火で焼き付ける。返しながら全面を焼き、焼き色が付いたら水、赤ワインを加えて蓋をする。火加減を極弱火にして 3 時間半ほど火にかける。

3 牛肉がホロホロになったら食べやすい大きさに切り、BBQ ソースをかける。

Arrange

残ったジャーキーをチャーハンに！

肉を焼き付けたときに出た脂（大さじ 2）と、ニンニク（みじん切り・大さじ 1）を炒め、香りが出てきたら溶いたタマゴ（2 個）とごはん（2 合分）を加える。

ごはんをフライパンに焼き付けながら炒めパラパラになったら、1cm 角に切ったジャーキー（150g）、タマネギ（みじん切り・70g）を加えてさらに炒める。

具材がしっかり合わさったら、鶏がらスープの素（顆粒・小さじ 1）、塩（小さじ 1）、黒胡椒（適量）を加えて炒め合わせる。

栗原心平 （くりはらしんぺい）

1978年生まれ。一児の父。料理家・栗原はるみ
を母に持ち、幼いころから得意だった料理の腕を
いかし料理家として活躍。
『男子ごはん』（テレビ東京系）レギュラー出演中。
著書も多く、近著に『おいしい酒肴〈おつまみ〉
は白飯にも合う。』（平凡社）がある。
公式YouTube「ごちそうさまチャンネル」にて
おつまみレシピを配信中。

栗原心平のごちそうキャンプ

メスティン・スキレット・
ダッチオーブンでつくる極旨レシピ

2021年3月10日　初版第1刷発行
2022年4月11日　　第2刷発行

著　者　栗原心平

発行者　水野麻紀子

発行所　株式会社　小学館
　　　　〒101-8001　東京都千代田区一ツ橋2-3-1
　　　　☎　編集03-3230-5916　販売03-5281-3555

印刷所　共同印刷株式会社

製本所　株式会社若林製本工場

ブックデザイン　　天池 聖（drnco.）
撮影　　　　　　　寺澤太郎
調理アシスタント　高橋まりあ（ゆとりの空間）
　　　　　　　　　小高芳治（ゆとりの空間）
撮影協力　　　　　ゆとりの空間
校閲　　　　　　　佐藤千里
　　　　　　　　　牧野朋美
編集　　　　　　　山﨑真由子
　　　　　　　　　沢木拓也（小学館）

制作　　　　　　　太田真由美
販売　　　　　　　中山智子
宣伝　　　　　　　細川達司